Multiplicação dos *pães*

(Mc 6,30-44)

Coleção Perícope

A realeza de Jesus (Mc 15,16-20) – Matthias Grenzer,
  Francisca A. F. Grenzer e Fernando Gross
O nascimento de Jesus (Lc 2,1-7) – Matthias Grenzer e Fernando Gross
Multiplicação dos pães (Mc 6,30-44) – Matthias Grenzer
Primeiro e segundo mandamentos (Mc 12,28-34) – Matthias Grenzer

Matthias Grenzer

Multiplicação dos pães

(Mc 6,30-44)

Paulinas

Dados Internacionais de Catalogação na Publicação (CIP)
(Câmara Brasileira do Livro, SP, Brasil)

Grenzer, Matthias
  Multiplicação dos pães : (Mc 6,30-44) / Matthias Grenzer. – São Paulo : Paulinas, 2007. – (Coleção perícope)

  Bibliografia
  ISBN 978-85-356-2043-6

  1. Bíblia. N. T. Marcos – Crítica e interpretação 2. Jesus Cristo – Ensinamentos 3. Jesus Cristo – Milagres 4. Multiplicação dos pães e peixes (Milagre) I. Título. II. Série.

  07-4725   CDD-232.955

Índice para catálogo sistemático:
1. Multiplicação dos pães : Milagre de Jesus : Doutrina cristã   232.955

3ª edição – 2010
2ª reimpressão – 2024

Direção-geral: *Flávia Reginatto*

Editores responsáveis: *Matthias Grenzer*
Vera Ivanise Bombonatto

Copidesque: *Anoar Jarbas Provenzi*

Coordenação de revisão: *Marina Mendonça*

Revisão: *Marina Siqueira*

Direção de arte: *Irma Cipriani*

Gerente de produção: *Felicio Calegaro Neto*

Produção de arte: *Wilson Teodoro Garcia*

Nenhuma parte desta obra pode ser reproduzida ou transmitida por qualquer forma e/ou quaisquer meios (eletrônico ou mecânico, incluindo fotocópia e gravação) ou arquivada em qualquer sistema ou banco de dados sem permissão escrita da Editora. Direitos reservados.

Cadastre-se e receba nossas informações
paulinas.com.br
Telemarketing e SAC: 0800-7010081

Paulinas
Rua Dona Inácia Uchoa, 62
04110-020 – São Paulo – SP (Brasil)
(11) 2125-3500
editora@paulinas.com.br
© Pia Sociedade Filhas de São Paulo – São Paulo, 2007

Dedico este estudo a meu pároco,
Monsenhor Walter Caldeira,
por seu trabalho realizado com muito amor,
na paróquia Cristo Rei no Tatuapé, São Paulo.

Sumário

Introdução 9
Expectativa de descanso 11
Disposição para atender o povo sofrido 15
O mandamento jesuânico 21
Novo pastoreio 31
Conclusão 37
Bibliografia 39

Introdução

O desejo de compreender, viver e anunciar o Evangelho de Jesus Cristo deve impregnar o esforço de um cristão, em qualquer parte deste mundo. Mais ainda: é preciso ter consciência de que o Evangelho se propõe a redimensionar nossas histórias particulares e pessoais. Nesse sentido, sabe-se que, conforme as tradições proféticas das Sagradas Escrituras, as funções e tarefas civis e eclesiásticas, por mais diferentes e dignas que sejam, visam, no fundo, a um mesmo objetivo. Pois, seguindo Jesus, o cristão adotará sempre uma perspectiva comunitária que se interessa, de forma exclusiva, pelo *Reinado de Deus* neste mundo. Este, por sua vez, quer garantir, a todas as pessoas, a começar pelas mais sofridas, o reconhecimento pleno de sua dignidade como filhos e filhas de Deus.

Justamente a descoberta dessa lógica interna da fé cristã me parece ser um resultado irrevogável da leitura do Evangelho nas comunidades latino-americanas. Não obstante, o esforço intelectual de compreender o Evangelho precisa ser repetido sempre de novo. Afinal, com o decorrer do tempo, nascem novas dúvidas, mesmo sobre o que já se tinha maior certeza.

Proponho-me, portanto, como teólogo leigo e catequista, a reler um trecho do Evangelho: a narrativa da "multiplicação dos pães", segundo Mc 6,30-44. Pois acredito naquilo que a Igreja afirma: "A compreensão do depósito da fé cresce também pelo sincero trabalho dos catequistas e pelo vigor da teologia, em união com os pastores".[1]

A tradição da multiplicação dos pães "parece ter sido muito importante para as comunidades primitivas, pois ela foi acolhida não apenas numa única versão nos quatro evangelhos (cf. Mc 6,32-44; Mt 14,13-21; Lc 9,10-17; Jo 6,1-13) mas também numa segunda como variante (cf. Mc 8,1-10; Mt 15,32-39)".[2] Neste estudo, pretendo descrever – com atenção a alguns detalhes literário-históricos que podem ajudar na compreensão do texto – as perspectivas teológicas de Mc 6,30-44. O que a história da "multiplicação dos pães" ensina sobre Deus e sobre o Filho de Deus? E qual é o modelo de comportamento que este trecho do Evangelho oferece aos seguidores de Jesus, sejam estes os pastores, pertencentes à hierarquia da Igreja, sejam os leigos e as leigas, formadores de um rebanho eclesial vivo e atuante neste mundo?[3]

---

[1] CONFERÊNCIA NACIONAL DOS BISPOS DO BRASIL, **Diretório Nacional da Catequese**, n. 24.

[2] Rudolf PESCH, **Über das Wunder der Brotvermehrung**, p. 17.

[3] Seja ainda anotado que, conforme os estudos do gênero literário das narrativas de milagres, Mc 6,30-44 encaixa-se no grupo das histórias que apresentam uma multiplicação ou uma dádiva. Conta-se sempre como são disponibilizados, de forma abundante, alimentos, com o objetivo de superar um impasse material (compare as seguintes narrativas: a multiplicação da *farinha na vasilha* e do *óleo na jarra da viúva de Sarepta*, ao se encontrar com o profeta Elias [cf. 1Rs 17,8-24]; a multiplicação do *azeite nas vasilhas* de uma *mulher* viúva, ameaçada de perder seus dois filhos para um credor, ao se encontrar com o profeta Eliseu [cf. 2Rs 4,1-7]; a multiplicação dos *pães das primícias, trazidos por um homem de Baal-Salisa* ao profeta Eliseu [cf. 2Rs 4,42-44]; a multiplicação dos *peixes nas redes de Simão, Tiago e João*, ao se encontrarem com Jesus [cf. Lc 5,1-11]; a *água mudada em vinho* por Jesus, *no casamento em Caná* [cf. Jo 2,1-10]). Cf. Gerd THEISSEN, **Urchristliche Wundergeschichten**, pp. 111-114.

Expectativa de descanso

Qual é o contexto literário da primeira história da multiplicação dos pães dentro da obra do Evangelho de Marcos? Em Mc 6,7-13, conta-se como Jesus *começou a enviar os doze discípulos, dando-lhes poder sobre os espíritos imundos* (6,7).

De fato, *saíram*. *Anunciaram* a proposta de Jesus, a fim de que as pessoas *mudassem sua mente* (6,12). Mais ainda: *os doze expulsaram muitos demônios, ungiram muitos doentes com óleo e curaram* (6,13).

Em seguida, o Evangelho interrompe este leque narrativo (cf. Mc 6,14-29), para apresentar a ideia de Herodes Antipas – tetrarca da Galileia e da Pereia de 4 a.C. até 39 d.C. – sobre Jesus. Aconteceu, pois, que *Herodes*, após a *decapitação de João Batista*, ordenada por ele mesmo, chegou a pensar que Jesus seria *João Batista ressuscitado*.

Mc 6,30-31, por sua vez, leva a frente o fio narrativo deixado para trás após a cena do *envio dos doze* (Mc 6,7-13). Ou seja: trata-se de um "reinício", em que o evangelista "traz os discípulos e também Jesus de volta à narrativa".[1]

---

[1] Ludger SCHENKE, **Das Markusevangelium**, p. 164.

> 30a *Os apóstolos reuniram-se com Jesus*
> 30b *e contaram-lhe tudo quanto fizeram*
> *e quanto ensinaram.*
> 31a *E disse-lhes:*
> 31b *"Vinde, vós mesmos, a sós,*
> *para um lugar deserto*
> 31c *e descansai um pouco!"*
> 31d *Pois os que vinham e os que iam embora*
> *eram muitos,*
> 31e *nem tinham mais tempo para comer.*

É certo que estes dois versículos, de um lado, podem ser compreendidos como encerramento da história sobre a primeira missão dos *apóstolos* (cf. Mc 6,7-13). Afinal, é agora que estes últimos informam *Jesus* sobre *o que fizeram e ensinaram* (v. 30b). Mais ainda: o reconhecimento do esforço deles leva Jesus à proposta de *os apóstolos descansarem a sós* (v. 31c), inclusive a *terem um tempo para comer* (v. 31e).

De outro lado, porém, os vv. 30-31 revelam uma conexão múltipla com a narrativa seguinte sobre a multiplicação dos pães. Além de antecederem diretamente os vv. 32-44, antecipam parte do vocabulário: veja o *lugar deserto* (vv. 31b.32a.35b), os verbos *ensinar* (vv. 30b.34d) e *comer* (vv. 31e.36a.37b.e.42a.44a) e a expressão *a sós* (vv. 31b.32a). Além disso, a história da multiplicação dos pães ganha, na parte do conteúdo, uma dramaticidade maior quando os vv. 30-31 são lidos juntamente. Percebe-

-se, sobretudo, que a proposta de Jesus (v. 31b-c), a qual motiva a nova *partida* do grupo (v. 32a), está sendo frustrada. Ou seja: se houve da parte dos *apóstolos* (v. 30a) e/ou dos *discípulos* (vv. 35a.41d) a expectativa de *descanso* e de ficar *a sós* com *Jesus num lugar deserto*, então surge, de forma dramática, a possibilidade de eles se sentirem decepcionados. Em vez de *comerem* e *dormirem* – cf. o paralelismo dos verbos *dormir* e *descansar* em Mc 14,41 –, serão novamente exigidos por *Jesus*.

Disposição para atender o povo sofrido

Com a realização da *partida* no v. 32a – mudança de local! – e a *chegada* da *multidão* no lugar de destino – volta de uma personagem já conhecida! –, compõe-se, definitivamente, o cenário da história sobre a multiplicação dos pães. Portanto, seja dada agora toda a atenção para os próximos versículos:

> 32a *Partiram de barco, a sós,*
>   *para um lugar deserto.*
> 33a *No entanto, viram-nos ir embora*
> 33b *e muitos os reconheceram.*
> 33c *Correram juntamente,*
>   *de todas as cidades, a pé para lá*
> 33d *e chegaram antes deles.*
> 34a *Assim que desembarcou,*
>   *viu uma grande multidão.*
> 34b *Ficou tomado de compaixão deles,*
> 34c *pois eram como ovelhas*
>   *sem que houvesse um pastor.*
> 34d *E começou a ensinar-lhes muitas coisas.*

A *multidão corre* atrás de Jesus e de seus discípulos. Com isso, o plano original de estar *a sós* e de *descansar um pouco* (cf. Mc 6,31) é, no mínimo, interrompido. Tudo isso poderia ser motivo para ficar decepcionado ou até irritado.

Não obstante, a reação de Jesus é positiva. Nada se diz, porém, nesse instante sobre os apóstolos. Ou seja: enquanto a narrativa, no início, se refere no plural ao grupo (v. 32: *Partiram de barco*), agora foca apenas Jesus. É ele quem *vê a grande multidão* (v. 34a), *fica tomado de compaixão* (v. 34b), compreende *a multidão* como abandonada por suas lideranças – *ovelhas sem pastor* (v. 34c) – e se propõe a promover um *ensino* direcionado ao povo sofrido (v. 34d).

A *multidão* – ou seja, o *povão*, as muitas pessoas anônimas – é uma personagem marcante no Evangelho de Marcos. Os números confirmam tal impressão. Marcos menciona *a multidão* trinta e cinco vezes, que é cinco vezes sete. O número sete constitui um elemento estilístico na literatura bíblica. Em geral, quando um elemento é apresentado por sete vezes (ou por um múltiplo de sete), trata-se de algo literariamente realçado.

Mais interessante ainda é observar a relação entre Jesus e a *multidão*. Comumente, ao encontrar-se com a *multidão*, Jesus propõe-se a *anunciar a palavra* (cf. Mc 2,2-4). Esta *palavra* é a *palavra* do *Reino de Deus*. Trata-se de uma *palavra* esperançosa, pois onde *Deus reina* surge, sem excluir ninguém, a libertação das realidades opressivas. Por isso, a *palavra* de Jesus é classificada como *Evangelho*, ou seja, como *Boa-Nova* (cf. Mc 1,14s; 8,35.38).

Nessa mesma linha, Jesus é aquele que, *de costume*, *ensina a multidão* (Mc 2,13; 6,34; 10,1). De novo, trata-se de um *ensino* preocupado com o crescimento e o funcionamento do *Reino de Deus*, na base das tradições proféticas da religião do Antigo Israel. Todavia, para a *multidão*, este *ensino* acontece em forma de *parábolas*. Apenas os *discípulos*, em sua convivência *a sós* com Jesus, recebem maiores explicações (cf. Mc 4,1-2.10-12.33-34). De outro lado, Jesus *chama a multidão*, em determinados momentos, para fazê-la *compreender* algo que os discípulos, supostamente mais entendidos, não entenderam. Isso vale tanto em relação ao *ensino* dos *fariseus* e *escribas* (cf. Mc 7,14), como também em vista da incompreensão de *Pedro* (cf. Mc 8,33-34).

Contudo, além de *ensinar*, Jesus *cura* pessoas do e no meio da *multidão* (cf. Mc 3,7-10, 7,33; 9,14-27). Da mesma forma, propõe-se a superar o estado de miséria da *multidão que não tem o que comer*, providenciando os alimentos necessários (cf. Mc 8,1-3). Enfim, enxerga a *multidão* como *sua mãe* e *seus irmãos*, na esperança de que as pessoas *façam a vontade de Deus* (cf. Mc 3,31-35).

Tudo isso, porém, não leva Jesus a ter uma postura acrítica. Afinal, sabe que seu anúncio da *palavra* depende da disposição do povo para *escutá-lo*. Ou seja: junto com o profeta Isaías, está consciente da possibilidade de não ser *notado* nem *compreendido* (cf. Mc 4,12; Is 6,9-10). Em outro momento ainda, *observa* e avalia criticamente a atitude da *multidão*, quando vê que *os muitos ricos* não adotam o princípio religioso de uma partilha generosa: no máximo, *dão do que lhes sobra* (cf. Mc 12,41-44).

Mais ainda: no final de sua vida, Jesus faz a experiência de ser traído pela *multidão*. Ainda que o *escutem com alegria* durante as controvérsias com as autoridades na praça do templo em Jerusalém (cf. Mc 12,37), na mesma semana a *multidão* dispõe-se a acompanhar *Judas*, para ajudar na prisão de Jesus (cf. Mc 14,43). Além disso, no outro dia, *a multidão deixa se instigar por parte dos chefes dos sacerdotes, a fim de que Pilatos solte Barrabás*, e não Jesus, o justo sofredor (cf. Mc 15,11). Com outras palavras: *a multidão – temida pelos chefes dos sacerdotes, escribas e anciãos* (Mc 11,32; 12,12) – podia salvar Jesus. Até *Pilatos* estava disposto a *satisfazer a multidão* (cf. Mc 15,15) se ela pedisse por Jesus. Contudo, a multidão não o fez.

Resumindo: por mais exigente ou delicada que seja a convivência com a *multidão*, Jesus opta pela atenção ao povo sofrido. *Tomado pela compaixão, ajuda* (cf. Mc 9,22). Ou, com outras palavras do Evangelho de Marcos: *tomado de compaixão, estende a mão* (cf. Mc 1,41), seja a uma pessoa só, seja à *multidão* carente (cf. Mc 8,1-3).[2]

Justamente aí está um dos segredos para realizar a multiplicação dos pães. Precisa-se de líderes proféticos com intenção de fazer o povo sofrido experimentar que *Iahweh* ainda é capaz de *salvar*. Indiretamente, a avaliação da *multidão* como *ovelhas sem pastor* (v. 34c) traz tal pensamento. Pois, ao usar esta metáfora, Jesus lembra a cena em que *Moisés* pediu por um sucessor, a fim de que a *comunidade*, após a morte do *maior profeta* do Antigo *Israel* (cf. Dt 34,10), não ficasse *como ovelhas sem que houvesse um pastor para elas* (cf. Nm 27,12-23). E foi escolhido *Josué*. *Jesus*, por sua vez, tem exatamente o nome deste *Josué*, sendo que, dessa forma, agora ele pode ser

---

[2] A expressão *ficar tomado de compaixão por alguém* aparece quatro vezes no Evangelho de Marcos (cf. 1,41; 6,34; 8,2; 9,22).

identificado como o novo sucessor de *Moisés*. Mais ainda: o próprio nome *Jesus*, baseado na transliteração grega do nome hebraico *Jehoshua* – assim como o nome *Josué* (transliteração portuguesa do mesmo nome hebraico) – significa que *Iahweh salva*.

Além do mais, o novo "*pastor* veio como quem *ensina*".[3] Em vez de assumir poderes especiais, como são conhecidos nos palácios ou no templo em Jerusalém, Jesus insiste em um *ensino* que se propõe a provocar a ideia de que é necessário deixar *Deus reinar* entre os homens. O acontecimento do milagre confirmará a veracidade deste *ensino*.

---

[3] Rudolf PESCH, **Das Markusevangelium**, p. 350.

O mandamento jesuânico

A narrativa chega a apresentar um diálogo (vv. 35-38). O leitor escuta três falas diretas dos apóstolos e dois discursos de Jesus. Dentro da cena do encontro de *Jesus* e dos *discípulos* com a *multidão*, é a única vez que se cede espaço à voz das personagens participantes da história. No restante do texto, domina a voz do narrador. Além do mais, o trecho a ser apresentado agora parece ter caráter de controvérsia. Ou seja: uma ordem recebe uma contraordem (vv. 35a-37b) e uma pergunta é respondida por outra pergunta, sendo esta última seguida por outras ordens (vv. 37c-38d). No mais, conotações irônicas parecem acompanhar as falas diretas dos *discípulos*.

35a *Estando a hora já muito avançada,*
seus discípulos aproximaram-se dele
e disseram:
35b *"O lugar é deserto*
35c *e a hora já avançada:*
36a *despacha-os,*
para que, ao partirem
para os campos e as vilas ao redor,
comprem para si o que comer!"
37a *Ele, porém, disse-lhes:*
37b *"Dai-lhes vós mesmos de comer!*
37c *Contudo, disseram-lhe:*
37d *"Partiremos e compraremos pães*

>   *para duzentos denários,*
> 37e   *e lhes daremos de comer?"*
> 38a   *Ele, porém, disse-lhes:*
> 38b   *"Quantos pães tendes?*
> 38c   *Ide embora!*
> 38d   *Vede!"*
> 38e   *Após terem tomado conhecimento, disseram:*
> 38f   *"Cinco, e dois peixes".*

Os *discípulos* sentem-se aflitos. Mostram-se, entre outras coisas, preocupados com o local. Avisam Jesus sobre o *lugar deserto* (cf. vv. 31.32.35b). O leitor, por sua vez, sabe ou fica sabendo agora que a região do lago da Galileia não é um *lugar deserto*. De fato, certos detalhes do mundo narrado pela cena deixam isso bem claro. Assim Jesus e os apóstolos acabam de atravessar o lago *de barco* (cf. v. 32a); mais ainda, Jesus termina de *sair do barco* (cf. v. 34a); o povo, por sua vez, aproxima-se *a pé* das *cidades*, ou seja, de centros urbanos imaginados a curta distância (cf. v. 33c); e, no final da história, Jesus pede que o povo *se recline sobre a grama verde* (cf. v. 39a). Nenhum destes detalhes combinaria com a ideia de *um lugar* geográfico que é *deserto*.

Mesmo assim, faz sentido lembrar, no contexto da história da multiplicação dos pães, o *deserto*. Pois o adjetivo *deserto* traz à memória o tempo em que Israel, após sua saída da escravidão no Egito, passou pelo *deserto do Sinai*, sendo ele alimentado, de forma maravilhosa, por seu Deus, no meio da maior escassez (cf. Ex 16; Nm 11).[1] Será que o milagre de o povo ter acesso aos alimentos de que precisa pode repetir-se agora, por mais que a situação histórica novamente pareça desfavorecer a sobrevivência? Afinal, na época de Jesus, o povo vive sob o jugo do Império Romano e sente-se abandonado por suas próprias lideranças.

Há, sim, sinais de esperança. Jesus reúne o povo e o *ensina*, assim como Deus, por intermédio de *Moisés*, o fez com a geração do êxodo. Mais ainda: tudo começa, outra vez, num lugar *deserto*, ou seja, um espaço periférico e *afastado* dos centros de poder, como outrora no *deserto do Sinai*.[2]

A outra preocupação dos discípulos refere-se à *hora já avançada* (cf. v. 35a.c). O conjunto do Evangelho de Marcos apresenta o motivo da *hora* por doze vezes – sete vezes somente na narrativa da paixão –, o que pode ser resultado de um planejamento literário. As menções paralelas levam o leitor a lembrar-se, sobretudo, da *hora* do sofrimento, da prisão, da crucificação e da morte salvadora de Jesus (cf. Mc 14,35.37.41; 15,25.33[2x].34), mas também da futura *hora* da volta gloriosa do *Filho do Homem* (cf. Mc 13,32). Em todo caso, o Evangelho insiste, sobretudo, no pensamento de que a *hora* assume em Jesus uma nova qualidade. Ou seja: por mais que o tempo, em vista

---

[1] Cf. Matthias GRENZER, **O projeto do êxodo**, pp. 81-112.

[2] Rudolf PESCH (**Über das Wunder der Brotvermehrung**, p. 84) defende a compreensão do adjetivo grego como *deserto*, embora possa ter a conotação *afastado*, pois acha importante "descobrir e valorizar a qualidade simbólica da narrativa".

da história de Israel, *já estava avançado* – afinal, passaram-se dezenove séculos desde que Deus dera origem a este povo em Abraão –, agora é a *hora*. O tempo chegou a seu auge: *completou-se a hora favorável*, pois, com Jesus, *se aproximou o Reino de Deus* (cf. Mc 1,15). Ou, com outras palavras: "Deus tomou a iniciativa, oferecendo o Reino como presente; [...] e é justamente esta atuação de Deus que possibilita um novo agir do homem".[3] Enfim, basta o homem *converter-se e crer no Evangelho* (cf. Mc 1,15), a fim de ver os pães multiplicarem-se.

Os *discípulos*, porém, ainda não compreendem esta nova realidade. Por isso, pedem a Jesus que ele *despache* as pessoas, *para que estas, ao partirem para os campos e as vilas ao redor, comprem para si o que comer* (v. 36a). Com isso, "comunica-se, de forma indireta, que o povo, de fato, não tem nada para comer".[4] Resta a seguinte pergunta: os discípulos acreditam na possibilidade de o povo ter dinheiro suficiente para *comprar* os alimentos necessários, ou sua proposta é maldosa? Quer dizer, mesmo sabendo da situação precária das pessoas, querem que sejam *despachadas*?

De qualquer forma, Jesus não aceita a ordem recebida dos *discípulos*. Pois ele está consciente de que, *caso despache o pessoal faminto para a casa, desfalecerão no caminho* (Mc 8,3). Aliás, também o verbo *despachar* aparece por doze vezes no Evangelho de Marcos, sendo que os paralelos se tornam interessantes ao imaginar que cada

---

[3] Gerhard LOHFINK, **Braucht Gott die Kirche?**, p. 169.
[4] Rudolf PESCH, **Das Markusevangelium**, p. 351.

cena tenha sido composta para ganhar sentido no conjunto da obra. Portanto, chama a atenção do leitor o fato de que, também na controvérsia sobre o divórcio, Jesus rejeita a possibilidade de *um homem despachar sua mulher ou uma mulher despachar seu marido* (cf. Mc 10,2.4.11.12). Mais ainda: como se pode chegar a uma decisão errada no momento do *despacho*, ilustra o ato de Pôncio Pilatos, quando este *despacha* ou *solta Barrabás*, e não *o rei dos judeus* (cf. Mc 15,6.9.11.15).

Resumindo. Jesus está decidido a *despachar a multidão* somente quando todos estiverem bem alimentados (cf. Mc 6,45; 8,9). Por isso, lança uma contraordem: *Dai-lhes vós mesmos de comer!* (v. 37b). Este mandamento jesuânico lembra a ordem dada pelo profeta *Eliseu* a *seu servo*, após ter recebido *vinte pães do homem de Baal-Salisa*: *"Dá (isso) ao povo, para que eles comam"*. Em vista estão *cem* pessoas, provavelmente, os chamados *filhos do profeta* da cena anterior, os quais sofriam com uma época de *fome*. Enfrentando a dúvida de seu *servo* – *Como poderia dar isso a cem homens?* –, *Eliseu* até repete a ordem: *"Dá (isso) ao povo, para que eles comam, pois assim falou Iahweh: Comerão e sobrará!"*. E, de fato, *comeram e ainda sobrou* (cf. 2Rs 4,38.42-44). Entretanto, com mais esse paralelismo, salta aos olhos do leitor como *Jesus*, de forma indireta, é comparado às grandes figuras proféticas das Sagradas Escrituras, como Moisés, Josué ou Eliseu. Ou seja: "ultrapassando os milagreiros do Antigo Testamento [...], são transferidos traços divinos a Jesus".[5]

---

[5] Ludger SCHENKE, **Jesus als Wundertäter**, p. 154.

O DENÁRIO

Frente

Imagem:
retrato de Tibério
(imperador romano de 14 a 37 d.C.)

Inscrição:
TI CAESAR DIVI
AVG F AVGVSTUS
(Tibério César, filho do divino Augusto, Augusto)

Verso

Imagem:
mulher sentada num trono, segurando o cetro
(talvez seja a deusa Concórdia)

Inscrição:
PONTIF MAXIM
(Pontífice Máximo)

"Contudo, as pessoas, particularmente os discípulos, não conseguem captar imediatamente a verdadeira identidade de Jesus."[6] Por isso, preferem confiar em seus próprios raciocínios, mesmo que estes possam estar distantes do *ensino* promovido por Jesus. É possível que a segunda proposta feita pelos discípulos deva ser compreendida justamente neste sentido. Todavia, agora perguntam a Jesus, em vez de dar-lhe uma ordem: *Partiremos e compraremos pães para duzentos denários, e lhes daremos de comer?* (v. 37d-e).

Chama a atenção o fato de que, pela segunda vez, "os discípulos sugerem a Jesus que a solução para a fome das multidões está em *comprar* alimento" (cf. vv. 36a.37d).[7] A conta feita por eles até parece ser correta, pois "na Mishna (Pea VIII,7) se fala do pão diário para o pobre no valor da décima segunda parte de um denário. Portanto, duzentos denários compram 2.400 porções diárias, ou seja, 4.800 meias-porções. De forma apertada, isso poderia ser suficiente para 5.000 homens".[8] Resta, porém, saber se os *discípulos* fazem aqui uma proposta irônica ou não. Ou seja: será que o leitor deve imaginar que os *discípulos* tinham a quantidade de *duzentos denários* à disposição ou que apenas queriam convencer Jesus de que seria um absurdo *dar de comer* a tanta gente?

---

[6] Hugo Orlando MARTINEZ ALDANA. **O discipulado no Evangelho de Marcos**, p. 9.

[7] Ched MYERS, **O Evangelho de São Marcos**, p. 255.

[8] Rudolf PESCH. **Über das Wunder der Brotvermehrung**, pp. 95s.

Jesus, por sua vez, pergunta-lhes de volta: *Quantos pães tendes* (v. 38b). De forma incisiva, ordena-os a reverem suas reservas: *Ide! Vede!* (v. 38c-d). Talvez se lembre de um dos pensamentos marcantes na religião do Antigo Israel, que diz: o que se tem é suficiente. Pois *assim falou Iahweh: comerão e ainda sobrará* (2Rs 4,43). Basta redistribuir os *pães* de acordo com a justiça prevista nas tradições mosaico-proféticas. E estas últimas sempre estão à disposição.

Enfim, os *discípulos* parecem *tomar conhecimento* justamente disso: falam em terem *cinco pães* e *dois peixes* (cf. v. 38e.f). Quem conhece a estrutura interna das Sagradas Escrituras da religião do Antigo Israel, da Bíblia Hebraica, lembra-se que a primeira parte dela é organizada em *cinco* livros. Trata-se da Torá (= do ensino), ou seja, dos *cinco* livros do Pentateuco. Além disso, existem *duas* outras partes: os Profetas e os Escritos. É possível que *os cinco pães e os dois peixes* tenham essa conotação. Afinal, o judeu deve estar consciente de que *o homem vive não somente do pão mas de tudo o que sai da boca de Iahweh* (Dt 8,3). Sob essa ótica, pode-se afirmar que a chave para a multiplicação dos pães se encontra então na releitura daquelas tradições que também o Novo Testamento chama de Sagradas Escrituras, e dessa vez à luz do anúncio jesuânico do *Reino de Deus*.[9]

---

[9] Sobre a ideia de *os cinco pães e os dois peixes* espelharem as Sagradas Escrituras e, com isso, a ordem social do povo de Deus prevista nelas, compare Ludger SCHENKE, **Jesus als Wundertäter**, pp. 127-131.

Novo pastoreio

Narra-se, finalmente, a cena da refeição. Ou seja: após ter promovido seu *ensino*, inclusive na discussão com seus *discípulos*, Jesus age agora a fim de superar a situação de necessidade do povo. A atuação de Jesus, porém, não é um mero assistencialismo. Ela vem acompanhada de um *ensino* extenso e significativo. Ouçamos o último trecho da narrativa.

39a *E ordenou-lhes a fazer todos*
se reclinarem sobre a grama verde,
grupo por grupo.
40a *Acomodaram-se, unidade por unidade,*
em cem e cinquenta.
41a *Tomando os cinco pães e os dois peixes,*
olhou para o céu,
41b *deu graças,*
41c *partiu os pães*
41d *e deu-os a seus discípulos,*
para que lhos distribuíssem.
41e *Também dividiu os dois peixes*
entre todos.
42a *Todos comeram*
42b *e ficaram satisfeitos.*
43a *Tinha ainda pedaços,*
o bastante para encher doze cestos,
e até dos peixes.
44a *E os que comeram (dos pães)*
eram cinco mil homens.

Jesus ordena aos discípulos que sejam *bons pastores*. Pede que *façam a multidão reclinar-se sobre a grama verde* (v. 39a).[1] Seguindo tal *ordem*, os *discípulos* assumem, junto a *Jesus* (cf. Mc 6,34c; 14,27; Jo 10,11.14), o pastoreio do próprio Deus Iahweh, de acordo com a tradição em Sl 23,1s: *Iahweh é meu pastor [...], em verdes pastagens me faz repousar* (compare também Ez 34,11-16).

No mais, "destaca-se a ordem familiar e grupal do povo".[2] Pois se relata que *a multidão se acomodou em unidades de cem e cinquenta* pessoas (cf. v. 40a). Além do evangelista Marcos, apenas Lucas insiste neste detalhe, quando apresenta Jesus dando a seguinte ordem aos *discípulos*: *"Fazei recliná-los em grupos de cinquenta!"* (Lc 9,14).[3]

Os números *cinquenta* e *cem* (duas vezes *cinquenta*) são novamente significativos. Lembram o projeto do êxodo, pois se pode descobrir uma referência a Ex 13,18, onde surge a ideia de *os filhos de Israel terem subido da terra do Egito (organizados em grupos de) cinquenta*.[4] Além disso, *cem* e *cinquenta* lembram a organização social e jurídica da

---

[1] A expressão *sobre a verde grama* em v. 39a revela, na língua grega, uma paronomásia, ou seja, um emprego de palavras com pronúncia semelhante. Tal recurso estilístico dá ao motivo um certo realce.

[2] Fritzleo LENTZEN-DEIS, **Comentário ao Evangelho de Marcos**, p. 232.

[3] O vocabulário empregado para falar da organização do povo em convivas menores apresenta expressões que se encontram, em todo o Novo Testamento, somente uma única vez: veja os termos *grupos* e *unidades* em Mc 6,39a.40a e *grupos de comensais* em Lc 9,14.

[4] Neste caso, as consoantes da palavra hebraica em questão são lidas como o numeral *cinquenta*, em vez de se ler *armados*, particípio passivo formado com as mesmas consoantes, porém com uma das vogais mudada.

comunidade do êxodo, por trazerem à memória o momento em que *Moisés escolheu homens capazes de todo o Israel, a fim de instalá-los como superiores para o povo, para serem chefes de mil, cem, cinquenta e dez* (Ex 18,24; Dt 1,15).[5]

De outro lado, os números *cem* e *cinquenta* fazem recordar grupos de profetas. Vem à lembrança que *Abdias, um homem muito temente a Iahweh, tomou cem profetas e os escondeu numa gruta em grupos de cinquenta, no momento em que Jezabel massacrava os profetas de Iahweh* (1Rs 18,3s). Em outras duas cenas, aparecem *cinquenta irmãos profetas* (2Rs 2,7) ou os *cem homens* que acompanhavam *Eliseu* (2Rs 4,43).

Mais ainda: "o número cinquenta simboliza a comunidade do Espírito".[6] Afinal, *cinquenta* lembra o *quinquagésimo dia* após a Páscoa, ou seja, o dia em que *os apóstolos – e, junto com eles, algumas mulheres – ficaram repletos do Espírito Santo* (cf. At 1,13s; 2,1-4).

Resumindo: o detalhe de *a multidão acomodar-se em unidades de cem e cinquenta* (cf. v. 40a) indica um movimento de maior importância, ou seja, "de massa dispersa a um povo organizado".[7] Surge a imagem de uma sociedade novamente disposta a assumir as características da experiência do êxodo e o ensino dos profetas, e tudo isso com a ajuda do Espírito Santo.[8]

---

[5] Cf. Rudolf PESCH, **Über das Wunder der Brotvermehrung**, pp. 116s.

[6] Juan MATEUS e Fernando CAMACHO, **Evangelio, figuras y símbolos**, p. 85.

[7] Sebastião Armando GAMELEIRA SOARES e João Luiz CORREIA JÚNIOR, **Evangelho de Marcos**, p. 263.

[8] Veja o desejo de *Moisés* em Nm 11,29: *Oxalá todos do povo de Iahweh fossem profetas*.

No final, Jesus encerra sua atuação com um gesto de partilha que ainda assumirá maior importância num outro contexto: *Tomando os cinco pães e os dois peixes, olhou para o céu, deu graças, partiu os pães e deu-os a seus discípulos, para que lhos distribuíssem. Também dividiu os dois peixes entre todos* (v. 41a-e). A cena da última ceia, de fato, repete parte do vocabulário aqui usado, pois se conta que, *enquanto eles comiam,* Jesus *tomou o pão, deu graças, partiu(-o), deu(-o) a eles e disse: "Tomai, isto é meu corpo!"* (Mc 14,22). Dessa forma, os *pães* multiplicados recebem um significado a mais, no sentido de poderem lembrar, ao menos na releitura do Evangelho de Marcos, a pessoa de Jesus e seu ato de entrega na noite anterior a sua morte. Mais ainda: surge, com isso, o pensamento de que parece ser justamente a entrega ao próximo que possibilita a partilha e, dessa forma, o fim da miséria.

E que fim da miséria! O texto diz que *todos comeram e ficaram satisfeitos* (v. 42a.b). Ou, com outras palavras: *os cinco mil homens comeram dos pães* (v. 44a).[9] Além disso, *tinha ainda pedaços* de pão sobrando, *o bastante para encher doze cestos, e até dos peixes* (v. 43a). No caso, o número *doze* lembra as doze tribos de Israel, ou seja, o conjunto de todo o povo. Assim, fica, mais uma vez, bem claro que todos *comeram* e que ainda *sobrou* (cf. 2Rs 4,43). Enxerga-se, portanto, a abundância, a qual, segundo as tradições religiosas do Antigo Israel, quer ser

---

[9] O verbo *comer* aparece cinco vezes na narrativa (vv. 36a.37b.e.42a.44a). Da mesma forma, destaca-se a presença repetida dos *pães* (vv. 37d.38b.41a.c) e dos *peixes* (vv. 38f.41a.e.43a).

uma das características principais do Reinado de Deus entre os homens, e não a falta de alimentos ou a fome.

"Como, por sua vez, se realizou o milagre, não está sendo contado: basta a bênção de Jesus para que pão e peixe não acabem."[10] Além disso, fica claro que os *discípulos* de Jesus continuam sendo envolvidos no projeto de satisfazer as necessidades do povo sofrido, pois Jesus *dá os pães* justamente *a eles, para que os distribuam* entre a *multidão* (v. 41d). Ou seja: por mais que Jesus tenha discutido com os *discípulos* (cf. vv. 35-38), é neles que confia como seus colaboradores.

Todavia, o que mais impressiona no final da narrativa é o "acúmulo de verbos para indicar a partilha" – *partir* (v. 41c), *dar* (v. 41d), *distribuir* (v. 41d) e *dividir* (v. 41e): "é o sinal de que aqui está a ênfase do que se diz, ao Jesus provocar e realizar o gesto da partilha".[11]

---

[10] Ludger SCHENKE, **Das Markusevangelium**, p. 176.

[11] Sebastião Armando GAMELEIRA SOARES e João Luiz CORREIA JÚNIOR, **Evangelho de Marcos**, p. 264.

Conclusão

Muitas comunidades cristãs no Brasil e na América Latina, formadas, em sua grande maioria, por pessoas simples e suficientemente humildes para escutar a Palavra de Deus com atenção, fizeram uma experiência mística nas últimas décadas. Pode-se dizer que se redescobriu, outra vez, como o Deus bíblico, nos textos das Sagradas Escrituras, age em favor dos pobres, a fim de resgatar a dignidade daqueles filhos e filhas seus que se encontram oprimidos e explorados neste mundo.

Com isso, nasceu também a esperança de que a experiência de libertação, feita pelo povo bíblico, pudesse repetir-se em nossos dias. Assim, a atenção dos leitores voltou-se cada vez mais para as dimensões sociais da religião do Antigo Israel. Surgiram até profetas e profetisas que foram perseguidos por causa de sua fé no Deus bíblico e por causa de sua solidariedade com os mais necessitados. Uns deles chegaram a perder sua vida como mártires.

Mesmo assim, fica claro hoje que a releitura das tradições bíblicas através da ótica acima descrita continua em vários lugares, seja entre os mais pobres seja entre os solidários àqueles que estão ameaçados em sua sobrevivência. A motivação maior para tal atitude encontra-se, sobretudo, na impressão de que justamente esta aproximação à Bíblia seja o modo mais autêntico de seguir o próprio Jesus Cristo. Pois este último teria vivido a mesma fidelidade dupla: de um lado, fiel ao povo sofrido e, do outro lado, fiel às tradições religiosas do Antigo Israel, assim como se manifestam na Bíblia Hebraica.

A narrativa da multiplicação dos pães documenta tal postura de Jesus de forma extraordinária. Disposto a atender o povo sofrido, Jesus simplesmente insiste num pastoreio baseado no ensino de suas Sagradas Escrituras. Com isso, chega a apresentar o seguinte modelo de comportamento em vista do combate à miséria:

– é preciso *ficar tomado de compaixão*, pois somente sentindo a dor dos mais sofridos na própria pele é que se inicia o resgate da dignidade destes últimos;
– é importante que o povo tenha bons *pastores*, ou seja, lideranças autênticas e solidárias;
– é preciso favorecer o *ensino* das Sagradas Escrituras e, em especial, a formação de uma cultura norteada pela visão da justiça contida nas tradições proféticas; mais ainda: é importante que este *ensino* se dedique ao povo sofrido;
– jamais os famintos devem ser *despachados*;
– é necessário rever criticamente o que se *tem*, a fim de enxergar que o que se tem é suficiente;
– é preciso reorganizar o povo em *grupos* menores;
– é preciso reiniciar o velho movimento da libertação, ou seja, de um êxodo da sociedade opressiva.

Mais uma vez: tudo isso deve acontecer em forma de uma experiência profundamente mística, para que a libertação dos injustiçados revele o que, na verdade, sempre era, é e será: vontade de Deus Pai, vontade de seu filho Jesus Cristo e vontade do Espírito Santo.

Bibliografia

CONFERÊNCIA NACIONAL DOS BISPOS DO BRASIL. **Diretório Nacional da Catequese**. São Paulo, Paulinas, 2006. (Documentos da CNBB, 84).

GAMELEIRA SOARES, Sebastião Armando e CORREIA JÚNIOR, João Luiz. **Evangelho de Marcos. Vol. I: Refazer a casa (Capítulos 1-8)**. Petrópolis, Vozes, 2002. (Comentário Bíblico).

GRENZER, Matthias. **O projeto do êxodo**. São Paulo, Paulinas, 2004 (Coleção: Bíblia e História).

MATEUS, Juan e CAMACHO, Fernando. **Evangelio, figuras y símbolos**. Córdoba, Ediciones El Amendro, 1989. (Coleção: En torno al Nuevo Testamento).

LENTZEN-DEIS, Fritzleo. **Comentário ao Evangelho de Marcos. Modelo de Nova Evangelização**. São Paulo, Ave Maria, 2003. (Coleção: Evangelho e Cultura).

LOHFINK, Gerhard. **Braucht Gott die Kirche? Zur Theologie des Volkes Gottes.** Freiburg, Herder, 1999 (4. ed.).

MARTINEZ ALDANA, Hugo Orlando. **O discipulado no Evangelho de Marcos**. São Paulo, Paulinas/Paulus, 2007 (Coleção: Quinta Conferência, Bíblia).

MYERS, Ched. **O Evangelho de São Marcos**. São Paulo, Edições Paulinas, 1992. (Grande Comentário Bíblico).

PESCH, Rudolf. **Das Markusevangelium. 1. Teil. Einleitung und Kommentar zu Kap. 1,1-8,26**. Freiburg, Herder, 1984 (4. ed.). (Herders Theologischer Kommentar zum Neuen Testament).

PESCH, Rudolf. **Über das Wunder der Brotvermehrung oder Gibt es eine Lösung für den Hunger in der Welt?** Frankfurt am Main, Knecht, 1995.

SCHENKE, Ludger. **Das Markusevangelium. Literarische Eigenart – Text und Kommentierung**. Stuttgart, Kohlhammer, 2005.

SCHENKE, Ludger. **Jesus als Wundertäter**. Em: SCHENKE, Ludger e outros. Jesus von Nazaret – Spuren und Konturen. Stuttgart, W. Kohlhammer, 2004.

THEISSEN, Gerd. **Urchristliche Wundergeschichten. Ein Beitrag zur formgeschichtlichen Erforschung der synoptischen Evangelien**. Gütersloh, Gütersloher Verlagshaus Gerd Mohn, 1990 (6. ed). (Studien zum Neuen Testament, 8).

Rua Dona Inácia Uchoa, 62
04110-020 – São Paulo – SP (Brasil)
Tel.: (11) 2125-3500
paulinas.com.br – editora@paulinas.com.br
Telemarketing e SAC: 0800-7010081